60 Worte Reiterdeutsch

Galoppsprünge über Sprachhürden

Ungezügelt ins
Bild gesetzt von Ulrik Schramm
und wörtlich eingefangen von
Gabriela Grillo

Nymphenburger Verlagshandlung

2. Auflage 1986

Umschlaggestaltung: Edda + Jörg Greif, München, unter Verwendung einer Karikatur von Ulrik Schramm
Satz: Bauer & Bökeler Filmsatz KG, Denkendorf
Druck: Jos. C. Huber KG, Dießen
Binden: Thomas Buchbinderei, Augsburg
ISBN 3-485-01776-0
Printed in Germany

Inhalt

30 Der Reiter reitet mit Kreuz
31 Das Pferd steht am Kreuz
32 Das Pferd trägt sich selbst
33 Das Pferd ist zusammengestellt
34 Das Pferd ist abgestellt
35 Der Reiter sieht ins Pferd
36 Der Reiter sitzt nach rückwärts
37 Der Reiter hängt im Zügel
38 Das Pferd legt sich aufs Gebiß
39 Das Pferd sucht das fünfte Bein in der Reiterhand
40 Das Pferd ist überzäumt
41 Das Pferd rollt sich ein
42 Das Pferd ist auf den Kopf geritten
43 Das Pferd ist in den Boden geritten
44 Das Pferd taucht
45 Das Pferd läßt den Rücken nicht los
46 Das Pferd läuft dem Reiter davon
47 Das Einfangen
48 Die Rahmenerweiterung
49 Der Spanische Reiter
50 Die Pfefferstoßer
51 Das Pferd geht auf blanker Stange
52 Das Pferd galoppiert auf dem Teller
53 Das Pferd fällt hinten aus
54 Das Hinterbein ist einzementiert
55 Das Pferd bohrt nach Öl
56 Der Kreuzgalopp
57 Der Fliegende Wechsel
58 Die Pudeldressur
59 Der Hufschlag
60 Die Schaukel

1

DAS PFERD IST FROMM

Im guten alten Sinne ist dies ein braves, gehorsames und treues Pferd mit einwandfreiem Charakter, das keine Tükken und Bösartigkeiten kennt. Sein Vertrauen in den Menschen, dem es ohne Schwierigkeiten und Eigenwilligkeiten folgt, macht es auch für den schwächeren Reiter zu einer »Lebensversicherung«, da es selbst in außergewöhnlichen Situationen ruhig und zuverlässig bleibt.
In der Regel zeigt das fromme Pferd auch im Stall keine Untugenden. Es läßt sich problemlos an der Hand führen und ist schmiedefromm.
Ein junges Pferd, das zunächst – naturgegeben – in bestimmten Situationen lebhaft oder ängstlich reagiert, kann bei guter und richtiger Behandlung durchaus zu einem frommen Pferd werden.
Solch ein Verlaßpferd weiß mancher Reiter erst dann zu schätzen, wenn er auf einem anderen das »Beten« gelernt hat.

können zwar nicht alle Familienangehörigen gleichzeitig reiten, wohl aber reihum. Es wird in eben dieser Absicht angeschafft mit der Hoffnung, daß es derartige Anforderungen auch erfüllt. Und gerade das fromme Pferd entspricht solchen Wunschgedanken. Mit all seinen guten Eigenschaften ist es das geborene Familienpferd.

3

DAS PFERD SCHAUFELT

was einmal heißen kann, daß es »bügelt« (der gebräuchlichere Ausdruck). In der Bewegung treten die Vorderhufe nicht in gerader Linie, sondern beschreiben einen Bogen nach außen.
Wirklich geschaufelt wird bei der ebenfalls angeborenen Veranlagung des Pferdes, mit den abfußenden Hufen Sand, Gras usw. hochzuschleudern. Solch eine Mechanik des Gangs ist verhältnismäßig selten (manchmal rassebedingt) und gibt dem Reiter ausreichend Gelegenheit zum Stiefelputzen.

4

DAS PFERD SCHILDERT

Die Vorstellung vom »Schildwache stehen« ist gar nicht so abwegig, da diese Tätigkeit manchmal einschläfernd wirken soll. Und das schildernde Pferd geht, auch ohne unbedingt zu schlafen, bei längerem Stehen in ausgesprochene Ruhestellung. Dabei wird ein Hinterbein entlastet, der Huf berührt den Boden nur mit der Spitze, der Zehe; das Pferd »ruht«.

Diese durchaus übliche Haltung ist grundsätzlich harmlos und sogar schonend für Sehnen und Gelenke (nur beim Halten in Dressurprüfungen höchst unerwünscht). Allerdings haben manche Pferde die schlechte Angewohnheit, den Huf des entlasteten Hinterbeins auf die Hufkrone des anderen zu stützen. Als ausgesprochene Stalluntugend gilt ein solches Aufstützen mit den Vorderhufen. In beiden Fällen können sich die Pferde durch plötzliches Wiederauffußen leicht selbst einen Kronentritt beibringen, vor allem bei einem Hufbeschlag mit Stollen.

5

DAS PFERD GEHT KRUMM

Dieser handfeste Ausdruck bezieht sich auf ein lahmendes Pferd. Zwar nicht »am Stock« gehend, kann es aber im Extremfall »stocklahm« sein.
Logischer Gegensatz zum krummgehenden Pferd: Das gesunde Pferd geht »gerade«.

6

DER TRACHTENZWANG

bezeichnet eine Verformung des Hufs, bei der die Trachten (der hintere Hufwandbereich) ein- oder beidseitig eingeengt sind. Diese Hufform kann klammen Gang und sogar Lahmheit verursachen.
Ein solcher Zwanghuf ist entweder Veranlagung; oft entsteht er aber auch als Folgekrankheit, z.B. nach Hufrolle, oder durch enge Eisen. Zur Behebung werden durch Raspeln die Trachtenwände korrigiert und/oder Erweiterungseisen verwendet.
Eine gewisse »Kleiderordnung«, vor allem das richtige Schuhwerk, ist also selbst bei einem Pferd von Bedeutung.

7

DER EINSCHUSS

Eine Schwellung des Pferdebeins, meist der Hinterbeine, wird Einschuß genannt. Durch Infektion kleiner, oft kaum sichtbarer Wunden entsteht eine eitrige Entzündung der Unterhaut, die gelegentlich das ganze Bein in Mitleidenschaft zieht.

Diese Phlegmone (med. Fachausdruck), manchmal mit Fieber und Lahmheit verbunden, wird durch Desinfizieren und feuchtwarme Umschläge behandelt. Für weitere Maßnahmen ist auf jeden Fall der Tierarzt zuständig.

8

DER EINBISS

hat nichts mit der »Maultätigkeit« eines aufsässigen Pferdes zu tun, sondern ist ein Begriff aus der Zahnkunde. Die Einbuchtung, die am Außenrand der Eckzähne – der beiden äußeren Schneidezähne des Oberkiefers – sichtbar wird, heißt Einbiß. Sie entsteht nach Abschluß des Zahnwachstums zum ersten Mal etwa im neunten und dann noch einmal ungefähr ab dem dreizehnten Lebensjahr; dazwischen kann sich der erste Einbiß zurückbilden.

Bei normalem Gebiß und dementsprechendem Zahnverschleiß ist anhand der Form der Kauflächen eine ungefähre Altersbestimmung möglich. Ein Einbiß läßt zusätzlich erkennen, daß ein gewisses Alter bereits erreicht oder überschritten ist.

9

DIE ABGESCHLAGENE KRUPPE

ist eine Eigenart des Exterieurs. Bei abschüssigem Verlauf des Kreuzbeins und der entsprechenden Winkelung vom Hüft- zum Sitzbeinhöcker hat die Kruppe keine runde Form, sondern sieht aus wie »abgeschlagen«. Dadurch entstehen Vor- und Nachteile:
Einmal besitzen solche Pferde mehr Rückenspannung, die zwar den Rücken fester macht, aber auch zu höheren Trag- und Springleistungen befähigen kann.
Zum anderen ist es ihnen infolge der Stellung ihrer Hinterhand möglich, mit den Hinterbeinen weit unterzugreifen. Das schließt häufig ein gutes Gangwerk, insbesondere Galoppiervermögen, ein – allerdings auch eine gewisse Gefahr des »Greifens« (die Hinterhufe treten gegen die Vorderhufe bzw. deren Eisen) sowie des frühzeitigen Verschleißes.

10

DER FALSCH ANGESETZTE HALS

Richtiger wäre: der ungünstig angesetzte Hals.

Äußerlich gesehen wird der Halsansatz danach beurteilt, wie die obere Halslinie in den Widerrist und die untere in die Brustlinie übergeht.

Ist der Winkel zwischen Schulter- und Halswirbeln zu flach, spricht man vom tief angesetzten Hals. Das Pferd kann ihn nur schwer erhaben nach vorwärts-aufwärts tragen, was Gleichgewicht und Aufrichtung erschwert. Ist er zudem noch kurz, dick und gerade, bereitet die Durchlässigkeit weitere Probleme.

Neben dem falsch angesetzten gibt es auch einen verkehrten Hals, den sog. Hirschhals. Dabei ist die untere Halslinie nach vorne herausgedrückt (»Unterhals«). Der Hirschhals kommt vor mit flacher und steiler Winkelung vom Widerrist zum Halsansatz.

Verhältnismäßig lang und dünn, weil schlecht bemuskelt, sowie stark gewölbt ist der Schwanenhals, der falsch – aber auch richtig angesetzt sein kann. Seine »Beweglichkeit« macht eine konstante Anlehnung problematisch.

Fehlerhafte Halsungen sind durch gute Ausbildung mehr oder weniger zu verbessern; umgekehrt ist es – leider – ebenso möglich, eine gute Halsung durch fehlerhafte Ausbildung zu verschlechtern.

11

DER STERNGUCKER

Fast wörtlich zu nehmende Bezeichnung für ein Pferd, das die Nase gerne ein wenig hoch trägt. Und so entkommt es der Kontrolle des Reiters. Mit der Stirnlinie weit vor der Senkrechten, geht es gegen das Gebiß, die annehmenden Zügeleinwirkungen und versammelnden Hilfen werden damit weder durch das Genick noch über den Rücken durchgelassen.

Prädestinierte Sterngucker sind Pferde mit Hirschhals und/oder mit schwachem, noch nicht tragfähigem Rücken, die sich dem Zügel und dem Reitergewicht entziehen wollen.

Doch auch sonst gibt es Pferde, die ohne besondere »Entschuldigung« am liebsten in den Himmel sehen.

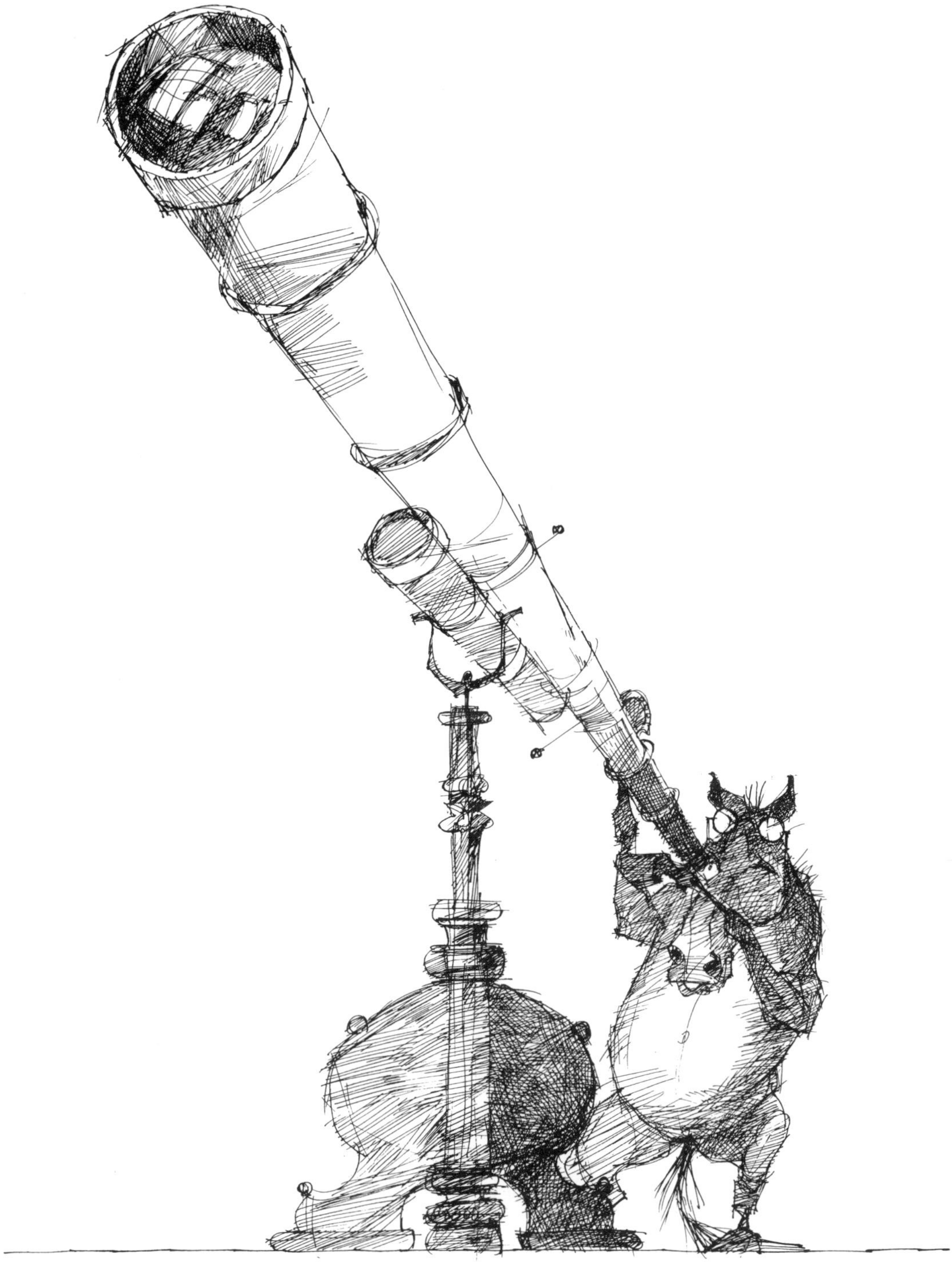

12

DAS PFERD HAT EINE LATERNE

Eine besonders große, auffällige Blesse des Pferdes wird Laterne genannt. Sie zieht sich über ein Auge oder beide bis zur Oberlippe hin. Pferde mit dieser Zeichnung haben oft »Glasaugen« (vollständiges Fehlen des Pigments der Iris) oder »Birkaugen« (teilweiser Pigmentmangel). Beides hat jedoch auf die Sehfähigkeit des Pferdes keinen Einfluß.

13

DAS PFERD IST HOCHGEZOGEN

Gemeint ist damit ein hoch im Blut stehendes Pferd bzw. ein Warmblutpferd mit hohem Vollblutanteil.

»Hochgezogen« kann aber zudem, ebenso wie der Begriff »aufgezogen«, eine besondere Formung des Rumpfs beschreiben. Vom Ende der Rippenpartie bis zur Flanke verjüngt sich der Leib stark, d.h. die Entfernung vom Boden nimmt deutlich zu. Darum sagt man von solchen Pferden mit wenig Leib und einer Wespentaille auch, sie hätten »viel Luft unter'm Bauch«.

Sichtbar wird der aufgezogene Leib, ohne notwendigerweise gebäudebedingt zu sein, u.a. bei der Hochkondition des Renn- oder Militarypferdes, aber genauso bei schlechtem Fütterungszustand oder infolge einer Erkrankung (z.B. der Nieren).

14

DAS PFERD IST VOM HENGST GERITTEN

Bitte keine falschen Rückschlüsse...
Dieser Ausdruck bezieht sich auf ein Pferd, das auf Grund seiner Abstammung, der ererbten Veranlagung, große Qualitäten als Reitpferd mitbringt und schon von Natur aus im reiterlichen Gleichgewicht geht. Solche Pferde vereinigen viel Gehfreude mit einem günstigen Gebäude. Besonderes Merkmal ist eine gute Halsung bei schöner Oberlinie und ausgeprägter Muskulatur (»Hengsthals«).
Eleganz und Ausdruck der Gänge, die man anderen erst vermitteln muß, bringen diese »vom Hengst gerittenen Pferde« von Haus aus mit. Heute gibt es infolge züchterischer Fortschritte eine größere Anzahl solcher »Naturtalente«.

15

DAS BALANCEPFERD

hat die natürliche Veranlagung, sich ohne besondere Ausbildung unter dem Reiter auszubalancieren. Den meisten jungen Pferden bereitet das zunächst Schwierigkeiten. Sie können oft nur schwer auf gerader Linie bleiben, werden schief, treten mit den Hinterbeinen breit und suchen eine Stütze im Zügel. Balancepferde haben diese Probleme nicht. Das liegt, neben Kraft und gut durchgebildeter Muskulatur, vor allem an einem harmonischen Gebäude (nicht zu lang, nicht zu hochbeinig), an korrekter Beinstellung und günstiger Halsform und -länge. Auf Grund dieser Vorzüge verfügen sie zudem in der Regel über ausdrucksvolle Bewegungen.

16

DAS PFERD STEHT IN EINEM GROSSEN RAHMEN

den es allerdings auch ausfüllt – durch die großzügigen Linien seines Körperbaus.
Die Beurteilung des Rahmens unterliegt relativen Werten, da die ausgeprägten Körperpartien, die »Points«, in Beziehung zur absoluten Größe (Stockmaß) gesehen werden müssen. Kennzeichen eines großen Rahmens sind: genügend langer, schön gewölbter Hals, schräge, lange Schulter, günstiger Rückenverlauf und gut gewinkelte Hinterhand mit langen Linien. Dieses Pferd steht über viel Boden (nicht gleichbedeutend mit einem zu langen Rücken) und hat eine gehörige Tiefe und Breite.
Großrahmige Pferde sind, bei zusätzlich guten Charaktereigenschaften, in allen Disziplinen gern gesehen. Einmal »decken« sie auch einen großgewachsenen Reiter, d.h. die optische Harmonie des Paares stimmt. Darüber hinaus verfügen sie meist über raumgreifende Grundgangarten.

17

DAS PFERD SCHREIT NACH DER DEICHSEL

Ursprung dieser Redewendung ist wohl die Vorstellung vom »Karossierpferd«, also dem ausgesprochenen Wagenpferd.
In (Dressur-) Reiterkreisen ist sie ein offenes Wort für offensichtliche Hintergedanken. Beim Dressurpferd sind die Fähigkeiten zwar wesentlicher als die Schönheit, doch wünscht man sich als Ideal die Verbindung von Leistung und gutem Aussehen, jedenfalls – selbst bei einigem Kaliber – immer noch eine gewisse Eleganz. Und läßt eben diese Eleganz zu wünschen übrig, so bemerkt schon mal ein wohlmeinender Mitstreiter, daß besagtes Pferd sehr wahrscheinlich auch vor dem Wagen Meriten erwerben könnte.

18

DAS STRICHREITEN

Die Herren Reiter geraten dabei nicht vom rechten Pfad ab, sondern bleiben unbeirrt auf geradem Weg. Denn Strichreiten (ein Begriff aus der Jagdreiterei) bedeutet, in gleichmäßigem Tempo mit genügend Überblick geradeaus im Feld zu reiten, ohne andere Jagdteilnehmer durch Überholen oder gar Kreuzen zu behindern. Unumgängliches Überholen in geeignetem Gelände ist zulässig. Doch Kreuzen, insbesondere vor Hindernissen, ist nicht nur eine Unart, sondern schlicht eine reiterliche Todsünde, weil dadurch böse und äußerst folgenschwere Stürze verursacht werden können.

19

DER REITER TASTET SICH ANS PFERDEMAUL HERAN

weil dessen empfindliche Kinnladen und Lefzen mit Vorsicht behandelt werden müssen. Darum sollen Zügeleinwirkungen nur unterstützend, »richtungweisend« sein; lockere und geschmeidige Handgelenke des Reiters sind dafür Voraussetzung.

Das Herantasten wird eingeleitet durch die vortreibenden Hilfen des Reiters, damit zunächst das Pferd an seine abwartende Hand herantritt. Dann kann das Gebiß das Maul (bzw. die Maulspalten) abfühlen und das Pferd zum Kauen und Nachgeben im Genick anregen. So entsteht eine dauernde, weichfedernde Verbindung zwischen Reiterhand und Pferdemaul, die Anlehnung.

20

DAS PFERD ANFASSEN

kann grundsätzlich bedeuten: das Pferd an die Hilfen stellen.

Gebräuchlich ist dieser Ausdruck jedoch für verstärkte Hilfengebung. Dann ist »Anfassen« entweder eine Aufforderung des Ausbilders an den Reiter, das Pferd zu mehr Fleiß und Ausdruck anzuhalten, oder eine Mahnung des Reiters an sein Pferd, wenn es zu wenig mitarbeitet.

21

DEM PFERD DEN WEG IN DIE TIEFE ZEIGEN

Dieser Vorgang gehört zur Lösungsarbeit, bei der die Muskulatur des Pferdes locker und geschmeidig für die nachfolgende Leistung gemacht werden soll. Das Lösen ist eine wesentliche Phase des täglichen Trainings und hat fortdauernde Bedeutung für die gesamte Ausbildung.

Der Reiter will sein Pferd dazu bringen, am mitgehenden und nachgebenden Zügel den Hals nach vorwärts-abwärts zu dehnen und hierfür die Rückenmuskeln zu lockern. Dabei setzt er vermehrt die vortreibenden Hilfen mit Schenkel und Kreuz ein, damit es, zum fleißigen Treten aufgefordert, genügend Schubkraft aus der Hinterhand entwickelt und infolgedessen bestrebt ist, sich in die Tiefe zu dehnen bzw. den Weg in die Tiefe zu finden.

22

DAS PFERD SUCHT DAS GEBISS IN DER TIEFE

wenn es den soeben beschriebenen Weg tatsächlich gefunden hat. Durch die Dehnung des Halses, verbunden mit der gelockerten Rückenmuskulatur, beginnt das Pferd im Rükken zu schwingen und sich bei energisch vortretender Hinterhand auszubalancieren.

Der nächste Schritt in der vorbereitenden Arbeit ist nun, diese Dehnung und Streckung eine Zeitlang zu erhalten, ohne daß das Pferd immer wieder Hals und Kopf anhebt; gewissermaßen soll es nun in der Tiefe hinter dem Gebiß herlaufen.

23

DAS PFERD LÄSST DEN HALS FALLEN

Eine zuverlässige und beständige Dehnung des Pferdes ist erreicht, wenn es den Hals fallen läßt. Dann geht es mit zwanglosen, losgelassenen Bewegungen und gutem Takt und Raumgriff, dabei weder schleppend noch eilend. Ehrliche Dehnung und federnden Rücken erkennt man auch daran, daß der Schweif ohne Spannung getragen wird.
All dies gehört zur Losgelassenheit, der grundlegenden Voraussetzung, ein Pferd an die Hilfen zu stellen.

24

DAS PFERD KAUT SICH AB

Im Gegensatz zur bildlichen »Selbstverstümmelung« eine durchaus wünschenswerte Maultätigkeit des Pferdes.
Das Abkauen ist in der Regel ein weiteres Zeichen für Dehnungsbereitschaft und Losgelassenheit. Durch weiche Zügeleinwirkungen werden die Speicheldrüsen zu vermehrtem Speichelfluß angeregt; williges und fleißiges Kauen auf dem Gebiß führt zur Schaumbildung.
Fehlerhaft allerdings ist u.a., wenn das Pferd dabei knirschend die Zähne aufeinanderdrückt und ständig mit dem Gebiß klappert.
Bei richtigem Abkauen wölbt das Pferd den Hals und gibt an der Hand des Reiters im Genick nach. Auf diese Weise entsteht eine leichte Anlehnung, die Grundlage für Durchlässigkeit und Versammlung.

25

DIE ZÜGEL AUS DER HAND KAUEN LASSEN

bedeutet, daß das Pferd dem Reiter die Zügel bis zur größten Dehnungsmöglichkeit seines Halses und Kopfes sanft aus der Hand zieht, also nicht ruckweise oder stoßend, sondern bei durchgleitendem Zügel ständig weich am Gebiß kauend. Der Reiter hat dabei sein Kreuz angespannt und öffnet ein wenig die Hand, läßt sie aber passiv sein.
Als Übung in den drei Gangarten oder im Halten ist das Auskauen zugleich Zeichen und Kontrolle des Dehnungsbestrebens. Am Ende der Lösungsphase, aber auch während der gesamten Arbeit wird es immer wieder ein guter Prüfstein für das korrekte Gehen des Pferdes sein.
Das gilt in gleicher Weise für die Remonte wie für das voll ausgebildete Grand-Prix-Pferd.

B

26

DER REITER SOLL DEN SATTEL AUSWISCHEN

Das Reinigen des Sattels ist zwar löblich, aber hier nicht gemeint. Vielmehr bezieht sich diese Forderung auf Sitz und Einwirkung des Reiters, der in allen Gangarten und Lektionen tief am Sattel sitzen soll, um deren Ablauf nicht zu stören. Denn sobald er aus dem Sattel geworfen oder gehoben wird, fällt er dem Pferd bei jeder Bewegung – und dann immer etwas hinter ihr – in den Rücken.

Bei geschmeidigem Sitz und lockeren Muskeln der Mittelpositur entsteht im Galopp der Eindruck, als ob der Reiter mit seinem Gesäß den Sattel auswischen würde. Allerdings soll die »Wischbewegung« so gering wie möglich sein und nicht in Schwankungen des Oberkörpers ausarten.

27

DER REITER SITZT IM PFERD

Eine Umschreibung für das angestrebte »Zentaur-Gefühl« des Reiters. Damit er aber wie angewachsen *im* Pferd und nicht *auf* ihm sitzt, müssen drei Punkte erfüllt sein: Der Schwerpunkt von Pferd und Reiter stimmt überein, der Reiter sitzt mit losgelassenen Muskeln der Mittelpositur ständig am Sattel und sein Knie liegt tief bei locker nach unten federndem Fußgelenk.
Im Idealfall ist der Rhythmus der Bewegungen von Reiter und Pferd so übereinstimmend, als ob sie zu einem Wesen zusammengewachsen wären.

28

DAS PFERD SETZT DEN REITER ZURECHT

und macht sich damit ausgesprochen beliebt, denn es läßt ihn, durch Veranlagung und/oder gute Ausbildung, angenehm sitzen.
Bei günstigem Gebäude, schwingender Rückentätigkeit und weichfedernden Bewegungen wird der Reiter nicht aus dem Sattel geworfen; er kann tief und locker »im Pferd sitzen«.

Sitzen kann ich leider nicht
Wie mein Sitz-Geist döchte,
Sondern wie mein Sitzfleisch muß,
Weil das Pferd so möchte.

(Müselersche »Verfremdung« des Morgenstern-Gedichts »Der Ästhet«)

29

DER REITER HAT VIEL PFERD VOR SICH

Die künstlerische Version soll auch schon vorgekommen sein. Doch eigentlich gilt der Ausdruck einem vorzüglichen Exterieur: Bei guter Halsung, langer schräger Schulter und ausgeprägtem, weit in den Rücken verlaufendem Widerrist liegt der Sattel mehr zur Hinterhand hin. Der Reiter hat *viel* Pferd vor sich.
Etwas abgewandelt, hat er *das* Pferd vor sich, wenn es willig und losgelassen an Kreuz und Schenkel, an den Hilfen, vorwärts geht. Werden dagegen die vortreibenden Hilfen nicht angenommen, so daß die Hinterbeine nur ungenügend vor- und untertreten, hat der Reiter das Pferd *hinter* sich.

30

DER REITER REITET MIT KREUZ

Durch sein Kreuz stellt der Reiter die Verbindung zwischen Schenkel und Zügel her und sichert so die Übereinstimmung der Hilfen. Für ihre richtige Wirkung ist der gute Sitz entscheidend, besonders das geschmeidige Mitschwingen in die Bewegung des Pferdes; sonst kommen die Einwirkungen zu spät und werden damit unverständlich.

Bei stetig angespanntem Kreuz wirkt der nachgebende Zügel vortreibend, der anstehende verhaltend (die Schenkel haben dann vorwiegend unterstützende Funktion).

Einseitiges Anspannen mit – unsichtbarer – Gewichtsverlagerung auf einen Sitzknochen wird bei Stellungen, Wendungen, Angaloppieren und Galoppwechseln verlangt.

»Reiten mit Kreuz« ist ein wesentliches Merkmal für reiterliches Können.

31

DAS PFERD STEHT AM KREUZ

aber nur dann, wenn der Reiter wirklich erfolgreich mit Kreuz reitet. Beständiger Fleiß und dabei williges Annehmen der vortreibenden, verhaltenden und der seitwärts wirkenden Hilfen lassen erkennen, daß das Pferd nun losgelassen *und* durchlässig ist; es steht an den Hilfen.
Oder eben: am Kreuz. Und dies hängt wiederum vom Sitz des Reiters ab, vor allem von der ruhigen Haltung seines Oberkörpers. Andernfalls würde das Pferd mehr *vom* Kreuz weggestoßen als *am* Kreuz gehalten.

32

DAS PFERD TRÄGT SICH SELBST

Bei Reiter und Zuschauer entsteht hier tatsächlich der Eindruck einer gewissen »Schwerelosigkeit«, denn das Pferd stellt sich, fühlbar und sichtbar, geradezu wie von selbst an die Hilfen. Es nimmt in gewünschter Weise sein Gewicht vermehrt mit der Hinterhand auf, wird so in der Vorhand zunehmend entlastet und findet zu seiner Selbsthaltung.
Erkennbarer Ausdruck der Selbsthaltung sind die unbedingte Ruhe von Hals- und Kopfstellung. Die Stirnlinie steht ein wenig vor der Senkrechten, und das nachgiebige Genick bildet den höchsten Punkt. Das Pferd kaut ruhig mit geschlossenem Maul und hat leichteste Anlehnung (nicht zu verwechseln mit durchhängenden Zügeln; das wäre keine leichte, sondern gar keine Anlehnung).
Die Selbsthaltung ist neben Takt und Geraderichtung entscheidendes Kriterium für die Beurteilung von Dressurprüfungen.

33

DAS PFERD IST ZUSAMMENGESTELLT

Ein fachlich wenig genauer Ausdruck. So ist z.B. ein sich selbst tragendes Pferd in richtiger Weise zusammengestellt. Ferner versteht man darunter: das Pferd an die Hilfen stellen, beizäumen, versammeln. Auch insoweit ist der Begriff ungenau, weil das »Zusammenstellen« – je nach Ausbildungsgrad des Pferdes – sehr verschieden sein kann.
Im übrigen stört bei dieser Bezeichnung der unterschwellige Eindruck einer erzwungenen Formung (»zusammenschrauben«).

P.S. Unerwünschter Gegensatz zum zusammengestellten wäre das auseinandergefallene Pferd.

34

DAS PFERD IST ABGESTELLT

Unter Abstellung versteht man die Entfernung der Vor- oder Hinterhand vom Hufschlag (der Spur) des äußeren Vorder- oder Hinterbeins. Deutliches Beispiel sind die Lektionen auf zwei Hufschlägen (z.B. Seitengänge), bei denen die richtige Stellung und Biegung entscheidend wichtig sind.
Doch auch bei Wendungen auf einem Hufschlag (z.B. Ecken, Volten, Zirkeln) soll das Pferd stets leicht in die Bewegungsrichtung gestellt und gebogen sein.

Ein weites Feld . . .
und so umfangreich, daß dieser Begriff mit all seinen Möglichkeiten, Fehlern und Korrekturen hier nicht ausreichend und schon gar nicht erschöpfend behandelt werden kann. Darum wird er – wie das Pferd nebenan – »abgestellt«.

35

DER REITER SIEHT INS PFERD

oder: auf das Pferd herunter. Und damit geht ihm, selbst bei einem sonst guten Sitz, nicht nur der Überblick verloren. Die »Aussicht« auf den Pferdehals und die eigenen Hände verleitet den Reiter auch leicht zu deutlicheren, für ihn übersehbaren Zügeleinwirkungen; das geht auf Kosten des gefühlvollen Herantastens und einer unsichtbaren Hilfengebung.
Durch den gesenkten Kopf verlagert sich außerdem sein Gewicht und damit sein Schwerpunkt. Das beeinträchtigt die Kreuzeinwirkungen und schränkt folglich das gute Gehen des Pferdes ein.
Noch ärger wird es, wenn der Reiter dabei das Kreuz nach hinten durchfallen läßt, mit krummem Rücken reitet.
»Zwischen den Pferdeohren hindurchsehen« ist also eine Regel, die nicht allein aus ästhetischen Gründen besteht.

36

DER REITER SITZT NACH RÜCKWÄRTS

Nicht gar so bildlich genommen, ist es dennoch eine andere Möglichkeit des fehlerhaften Sitzes. Der Reiter übertreibt seine eigene Aufrichtung: Er sitzt zwar mit angespanntem Rückgrat, lehnt sich aber zu weit nach hinten und kommt mit seinem Kreuz hinter die Senkrechte. Als Dauerzustand schlechthin falsch, kann es in Einzelfällen (Korrektur, Paraden) kurzfristig angebracht sein.

Folge dieses Sitzes sind oft vorgestreckte Unterschenkel, die nun nicht mehr am Pferd liegen und eine richtige Schenkeleinwirkung unmöglich machen. Ebenso sind die Kreuzhilfen eingeschränkt, weil die für alle Hilfen wichtige Hebelwirkung des rechten Winkels zwischen den Wirbelsäulen von Reiter und Pferd schwächer wird.

37

DER REITER HÄNGT IM ZÜGEL

wobei nicht das Pferd ihn, sondern er das Pferd festhält. Im Gegensatz zur leichten, weichen Anlehnung duldet der Reiter entweder eine zu starre Verbindung, oder er hält sich am Zügel fest und fällt dem Pferd bei jeder Bewegung *in* den Zügel: eine störende, meist auch schmerzhafte Einwirkung auf dessen empfindliches Maul. Gegenreaktion ist entweder eine Überempfindlichkeit oder, nach langer Gewöhnung, ein völliger Ausfall der Maultätigkeit, das sog. »tote Maul«.

Im Zügel hängt meistens ein Reiter, der nicht unabhängig von der Hand sitzt. Verständlicherweise beobachtet man diesen Fehler vor allem bei Anfängern, die aus Angst, die Kontrolle über sich oder das Pferd zu verlieren, einfach nur einen Halt suchen – und sei es eben im Zügel.

38

DAS PFERD LEGT SICH AUFS GEBISS

Dafür gibt es mehrere mögliche Gründe:

Manches junge Pferd sucht eine Stütze im Zügel, weil es noch nicht genügend im Gleichgewicht ist.

Oder ein Pferd geht, ohne zu kauen und sich am Gebiß abzustoßen, mit festgehaltenem Genick auf den Zügel.

Zu früh gestellte Anforderungen an die Versammlung können oftmals die Ursache sein: Dann hat der Reiter den Hals des Pferdes zwar in eine gewisse Form gebracht, den Hinterbeinen aber fehlt noch die ausreichende Geschmeidigkeit, um vor- und unterzutreten. Ihre mangelnde Beuge- und Tragfähigkeit gleicht das Pferd durch Auflegen auf das Gebiß aus.

Weitere Möglichkeiten liegen, wie bei jedem reiterlichen Problem, in Gebäudemängeln des Pferdes (zu tief angesetzter Hals, überbaut).

39

DAS PFERD SUCHT DAS FÜNFTE BEIN IN DER REITERHAND

indem es sich auf das Gebiß legt. Es trachtet gleichsam, von der Hand des Reiters getragen zu werden, als Stütze für das Gewicht seiner Vorhand.
Außer den schon erwähnten Gründen kann zu feste Anlehnung auch durch harte Handeinwirkungen entstehen, denn Druck erzeugt Gegendruck. Und das hat schleppende Bewegungen der Hinterhand und den Verlust des schwungvollen und wirklich reinen Gangs zur Folge. (Im Extremfall ist das Pferd »zügellahm«.)
Ergebnis aller möglichen Ursachen ist jedenfalls die »Stützfunktion« der Reiterhand als sog. fünfter Fuß; zur Abwechslung hängt jetzt einmal das Pferd im Zügel.

1
2
3
4
5

40

DAS PFERD IST ÜBERZÄUMT

Das hat nichts mit dem vielen Leder zu tun, das mancherorts an manchen Pferden zu beobachten ist.

Statt den Hals erhaben nach oben zu wölben, trägt das Pferd ihn zu tief, die Stirnlinie ist hinter der Senkrechten und das Genick nicht mehr der höchste Punkt. Als häufige Folge davon verlagert das Pferd sein Gewicht nur noch unzureichend auf die Hinterhand.

Mit der Überzäumung gehen Dehnungsbestreben, Anlehnung und Selbsthaltung verloren, meist auch der Vorwärtsdrang. Ursache ist entweder, daß die verhaltenden Zügelhilfen fälschlicherweise vorherrschen, oder daß das Pferd sich den versammelnden, insbesondere den aufrichtenden Hilfen entzieht. In der Dressur gilt beides als ein schwerer Mangel.

Daß Dressurreiter mehrere Gebisse einschnallen, ist übrigens eine üble Nachrede; da die Zäumung außerdem vorgeschrieben ist, gibt es so etwas in *dieser* Disziplin nicht.

41

DAS PFERD ROLLT SICH EIN

ist ein plastischer Ausdruck für ein stark überzäumtes Pferd, das so zusätzlich in der günstigen Lage ist, sich »in die Brust zu beißen«.
Zu jeglicher Überzäumung kann noch hinzukommen, daß die Bewegungen mit den Vorderbeinen abgeblockt werden bzw. daß das Pferd sich auf der Vorhand abstützt und damit jede raumgreifende Bewegung unterbindet. Es geht auf dem Kopf.

Randbemerkung: Das Einrollen hat nicht zwangsläufig den berüchtigten »falschen Knick« zur Folge – solange die obere Halslinie trotz allem rund bleibt und nicht, abgeknickt meist zwischen dem 3. und 4. Halswirbel, »eckig« wird.

wenn es auf dem Kopf geht, denn es handelt sich hierbei wiederum um ein überzäumtes Pferd.

Ob nun der Reiter am Zügel »zieht« oder das Pferd sich entzieht (s. überzäumt) – Folge oder Ursache bleibt, daß die Paraden nicht über den Rücken bis zur Hinterhand durchgehen, sondern im Genick steckenbleiben und so eine immer tiefere Kopfstellung bewirken: Das Pferd ist mehr und mehr auf den Kopf geritten.

Auf den Kopf gegangen sind Reiter und Pferd, die kopfüber an einem Hindernis stürzen.

43

DAS PFERD IST IN DEN BODEN GERITTEN

Es muß mit der Phantasie der Reiter (oder mit der Schwierigkeit des Reitens?) zusammenhängen, daß ihnen zu einem einzigen Thema gleich soviel einfällt.
Jedenfalls ist dies noch einmal ein Zustand, der vor allem durch Überzäumung eintritt. Ungenügendes Vor- und Untertreten der Hinterbeine und der begrenzte Raumbegriff (Schulterfreiheit) der Vorhand hemmen die Schwungentfaltung: Die Bewegungen gehen nicht »über viel Boden«, sondern »in den Boden«.
Gebäudebedingt kann ein solcher Bewegungsablauf hingegen bei Pferden sein, die entweder einen zu tief angesetzten Hals haben und/oder überbaut sind, d.h. die Kruppe ist höher als der Widerrist. Darum nennt man sie auch »Bergabpferde«.

würde eigentlich ganz gut zu einem völlig überzäumten Pferd passen, bei dem der Reiter zuweilen ziemlich ratlos dem »absinkenden« Pferdehals nachschaut.
Gebräuchlich ist der Begriff allerdings im Bereich der Cavaletti-Arbeit und des Springens. Man spricht von der »Tauchstellung« bei einem Pferd, das über Bodenricks geht. In der dabei nötigen Dehnungshaltung nimmt es den Kopf entsprechend tief, um den Weg über die Ricks besser übersehen zu können. Zum anderen gilt das »Antauchen« vor dem Sprung als wesentliches Merkmal der Springtechnik.

45

DAS PFERD LÄSST DEN RÜCKEN NICHT LOS

bzw. hält die Rückenmuskulatur fest angespannt; oftmals zu erkennen an einem herabgedrückten oder sogar eingeklemmten Schweif. Gleichzeitig fehlt es dann insgesamt an der notwendigen Losgelassenheit. Der Reiter wird im Sattel geworfen, um so mehr, wenn das Pferd zudem mit hoher Kruppe geht.

Durch häufiges Angaloppieren aus dem Schritt kann man eine Lockerung erreichen, auch Übergänge vom Trab zum Galopp sind ein gutes Mittel. Bei Verspannen und gleichzeitigem Verkriechen hinter dem Zügel sollte man Galoppverstärkungen reiten.

Fehler und Vorzüge der Rittigkeit des Pferdes hängen ganz eng mit dem Sitz, d.h. zugleich mit dem Gefühl und der Einwirkung des Reiters zusammen. So wird bei einem schlecht sitzenden Reiter (vgl. Pfefferstoßer) das Pferd wohl mehr als Abwehrreaktion den Rücken nicht loslassen.

46

DAS PFERD LÄUFT DEM REITER DAVON

Zweifellos ist die bildliche Situation eine Art des Davonlaufens.

Zunächst versteht man jedoch darunter, daß der Reiter mit den ihm zur Verfügung stehenden Hilfen nur noch eine geringe Kontrolle über das Pferd und den Ablauf seiner Bewegungen hat. Zwar nicht pullend oder durchgehend, bestimmt es dennoch selbst den Takt und das Tempo in den einzelnen Gangarten.

In der Dressur führt ein »davonlaufendes« Pferd die Lektionen zu eilig oder gar hektisch aus. Zusätzlich kann es dabei den Hilfen des Reiters zuvorkommen, z. B. in der Traversale »vor dem Schenkel fliehen«.

47

DAS EINFANGEN

bezeichnet grundsätzlich das Zurückführen des Tempos in einer Gangart, z. B. den Übergang vom verstärkten zum versammelten Tempo (als Rechenexempel: einer von fünfzehn möglichen Übergängen).
Dabei spannt der Reiter mit gleichzeitig vortreibenden Schenkeln sein Kreuz an und läßt die Hand möglichst passiv stehen. So schiebt er das Pferd nach vorwärts an das Gebiß, damit es daran abstößt; es »holt« sich die Parade selbst. (Das Annehmen des Zügels sollte nur selten nötig sein, sowie manches andere, was man sonst noch mit ihm machen kann.)
Durch dieses »Aufnehmen« kommt mehr Gewicht auf die Hinterhand, welche sich tiefer senkt und so die Vorhand hebt. Das Pferd geht über weniger Boden, tritt dabei aber erhabener; es geht »bergauf«.
Beim Einfangen zeigt sich sehr deutlich, ob oder in welchem Maße das Pferd am Kreuz und an den Hilfen steht und wie es um seine Durchlässigkeit bestellt ist.

soll beim Zulegen des Tempos sichtbar werden. In den Verstärkungen muß das korrekt gerittene Pferd aus der gut herangeschlossenen Hinterhand eine größere Schubkraft entwickeln, die Bewegung zunehmend nach vorwärts – aufwärts durchschwingen, über mehr Boden gehen und bei schöner Aufrichtung den Hals ein wenig nach vorne dehnen. Das lockere Durchschwingen der Verstärkung kann man im Trab unter anderem daran erkennen, daß die Vorderhufe dorthin treten, wohin sie zeigen.
Der Begriff der Rahmenerweiterung ist insoweit wörtlich zu nehmen, als sich beim Übergang in die Verstärkung der Umriß des Pferdes, der Rahmen, nach vorne erweitert.

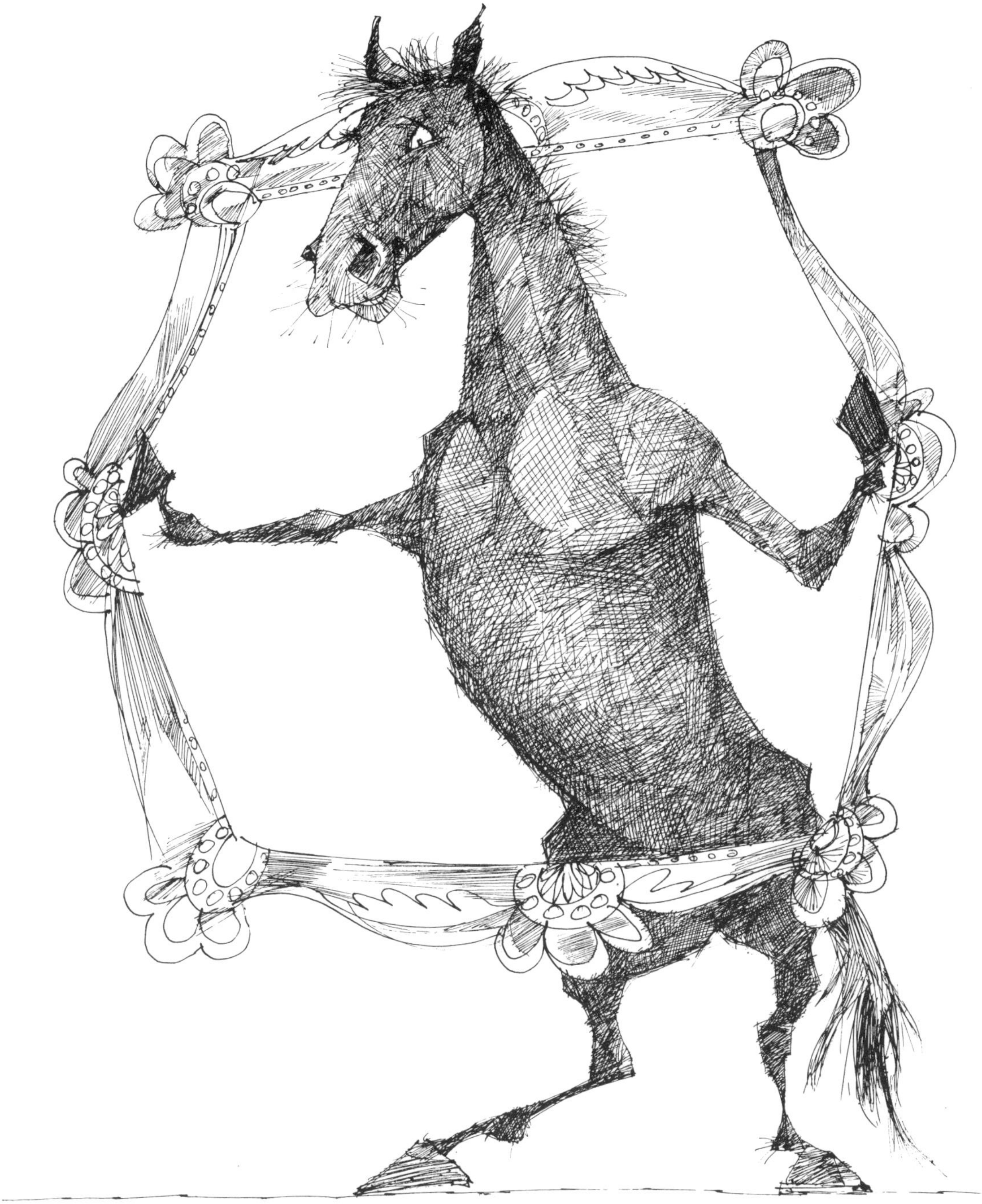

49

DER SPANISCHE REITER

ist kein spanischer Reiter und ebensowenig ein Mitglied der Spanischen Hofreitschule in Wien. Dennoch hat er eine gewisse Bedeutung, und die gleich dreifach:
Einmal ist er ein Gestell, welches an der Longe gehenden Pferden als Hilfsmittel für das Anreiten oder zur Korrektur auf den Sattel geschnallt wird;
zum anderen ein Hilfszügel, eine Art Aufsatzzügel;
(beides heute kaum noch gebräuchlich)
und schließlich eine Absperrvorrichtung, überdimensionalen Cavalettis nicht unähnlich.
Der »dritte« Spanische Reiter wird auch Friesischer Reiter genannt.

50

DIE PFEFFERSTOSSER

Eher spöttische Namensgebung »artfremder« Disziplinen für die Dressurreiter. Daraus spricht deren scheinbar ehrliches Mitleid, alle Fährnisse der Dressur im Sattel aussitzen zu müssen, ohne es sich im leichten Sitz einmal leichter machen zu dürfen.
Diese offen-sichtliche Schwierigkeit (besonders bei Trabverstärkungen) soll allgemein zur Begriffsfindung beigetragen haben – was die Dressurreiter allerdings für ein Gerücht halten. Dem Vernehmen nach gab es in der »harten« Wirklichkeit aber doch Ritte, von denen Beobachter meinten, nichts habe geklappt – nur der Reiter im Sattel.

PFEFFE

51

DAS PFERD GEHT AUF BLANKER STANGE

Eine besondere Form der Kandarenführung. Die Kandare hat zwei Gebisse: die Trense und das Stangengebiß. Auf blanker Stange gehen heißt, daß die Trensenzügel losgelassen sind und durchhängen, das Pferd also nur an der Kandare steht.

Dies ermöglicht eine feinste Führung, ist aber nichts für Anfänger oder Reiter mit einer harten Hand. Ebensowenig ein Mittel zum Beizäumen, setzt es vielmehr ein besonders durchlässiges Pferd in guter Versammlung und einen Reiter mit sehr gefühlvoller Hand voraus.

idol
NEU

52

DAS PFERD GALOPPIERT AUF DEM TELLER

d. h. ganz allgemein in besonders hoher Versammlung, wobei die Galoppsprünge sehr erhaben bleiben (sog. Bergaufgalopp), der Bodengewinn infolge ausgeprägter Hankenbiegung jedoch nur gering ist.
Im besonderen gilt dieser Ausdruck aber einer vorbildlichen Ausführung der Galopp-Pirouette.
Die Pirouette ist ein Kreis auf zwei Hufschlägen, dessen Radius der Länge des Pferdes entspricht. Dabei beschreiben die Vorderbeine eine halbe oder ganze Wendung um die deutlich abfußenden Hinterbeine, welche die Hauptlast des Gewichts tragen. Takt, Schwung und Regelmäßigkeit des Galopps müssen erhalten bleiben; der Kreis der Hinterhand soll möglichst klein sein.
»Tellergroß« ist allerdings, selbst als Idealvorstellung, bei einiger Kenntnis des Pferdehufs wohl doch etwas übertrieben.

53

DAS PFERD FÄLLT HINTEN AUS

In allen Wendungen auf einem Hufschlag soll die Hinterhand genau der Spur der Vorhand folgen. Wenn sie nach außen abweicht, fällt das Pferd hinten aus. Doch auch bei Seitengängen und Pirouetten (im Schritt und Galopp) ist es ihm möglich, sich auf diese Weise der verlangten Stellung und Biegung zu entziehen.

Unter Ausfallen kann man zusätzlich verstehen, daß die Hinterbeine nicht genügend lebhaft vor- (Schubkraft) und untertreten (Tragkraft). Ihre Aktivität wird gehemmt oder gar unterbrochen, da das Pferd die vortreibenden Hilfen »ignoriert«.

54

DAS HINTERBEIN IST EINZEMENTIERT

Salopper Kommentar für jeglichen »Totalausfall« der Hinterhand. Er gilt vor allem mißglückten Pirouetten, in denen das Pferd die Hinterbeine schlicht stehen läßt.

55

DAS PFERD BOHRT NACH ÖL

Noch ein »Fachausdruck« für streikende Hinterbeine in Pirouetten:
Wenn das Pferd in den Schritt- oder Galopp-Pirouetten mit haftenden Hinterbeinen dreht, entsteht jenes Loch, welches die Dressurreiter zu obigem Ausspruch inspirierte. Folge ist leider kein teures Öl, sondern eine Bewertung, die »kostet«.

56

DER KREUZGALOPP

In der Tat eine etwas unordentliche Anordnung der Pferdebeine. Dabei ist die reguläre Fußfolge des Galopps durcheinandergeraten: Das Pferd geht mit den Vorderbeinen Rechtsgalopp und mit den Hinterbeinen Linksgalopp (oder andersherum). Wie auch immer – es galoppiert über Kreuz.

57

DER FLIEGENDE WECHSEL

Ohne den Galopp zu unterbrechen, wechselt das Pferd vom Rechts- zum Linksgalopp bzw. umgekehrt. So unterscheidet sich der »Fliegende« vom »Einfachen« Wechsel, bei dem eine kurze Schrittreprise zwischengeschaltet wird.
Vorab die Fußfolge des Galopps:

erste Phase	*äußerer Hinterfuß*	
zweite Phase	*diagonal gleichzeitig*	*innerer Hinterfuß* *äußerer Vorderfuß*
Dritte Phase	*innerer Vorderfuß*	
	Schwebephase	

In der Schwebephase erfolgt der Fliegende Wechsel. Danach setzt jetzt zunächst der ehemals innere Hinterfuß auf, wird damit zum neuen äußeren (s. erste Galopp-Phase); das Pferd ist im »anderen« Galopp.
Die mittelschweren Dressurprüfungen verlangen den einmaligen Fliegenden Wechsel, die schweren zusätzlich Wechselfolgen bei jedem vierten, dritten und zweiten Sprung sowie von Sprung zu Sprung.

den
egen diesen Wechsel erste Ausfertigung zahlen Sie am
an
Order eigene
Deutsche Mark
zehntausendfünfhundert
DM 10.500,-
Bezogener
Fa. F. Rosstäuscher
Stuthof
in
Zahlbar in

58

DIE PUDELDRESSUR

Abschätzige Bemerkung für eine grundsätzlich falsche Ausbildung des Pferdes, bei der es im negativen Sinne »dressiert« wird.

Die klassische Hohe Schule will das Pferd durch Gymnastizieren befähigen, die verlangten Lektionen, die aus der Beobachtung seines natürlichen Verhaltens entwickelt wurden, locker und ungezwungen auszuführen. Niemals sollte es gespannt, zusammengeschraubt oder gar mechanisiert wirken. Doch wenn gerade dieser Eindruck entsteht, spricht man von einer »Pudeldressur«.

59

DER HUFSCHLAG

Eine Möglichkeit – siehe Bild.
Weitere Auslegungen:

der Abdruck des Pferdehufs auf dem Boden;
das Geräusch der Hufe;
der Weg entlang der Hallenbande oder der Viereckbegrenzung sowie
dessen Bodenbeschaffenheit (der Hufschlag ist hart, weich, tief etc.).

Abgeleitete Begriffe:

auf einem Hufschlag reiten;
auf zwei Hufschlägen reiten;
die Hufschlagfiguren;
*)

*) *8221 – Hufschlag, Gemeinde Surberg/Obb.*

60

DIE SCHAUKEL

ist eine Schrittlektion in Verbindung mit dem Rückwärtsrichten: Aus dem Halten richtet das Pferd rückwärts, ohne Stockung (also auch ohne die Beine wieder parallel zu stellen) folgen darauf einige Schritte nach vorwärts, und sofort schließt sich wieder das Rückwärtsrichten an.
Zur korrekten Ausführung der Schaukel gehören: die gleichbleibende Haltung und Aufrichtung des Pferdes, die richtige Fußfolge, d.h. Viertakt im Schritt und diagonale Folge beim Rückwärtsrichten (weder zögernd noch übereilt), die Geraderichtung, das deutliche Abfußen, die richtige Anzahl der vorgeschriebenen Schritte und Tritte und die flüssigen Übergänge.
Und eben jene Übergänge gaben dieser Lektion ihren Namen, die so beschwingt und »unbeschwert« aussehen soll wie das vergnügte Pferd nebenan.